Jean-Luc MULYANGA

Repenser le machiavélisme en contexte religieux

Jean-Luc MULYANGA

Repenser le machiavélisme en contexte religieux

Éditions Muse

Cover image: www.ingimage.com

Publisher:
Éditions Muse
is a trademark of
Dodo Books Indian Ocean Ltd., member of the OmniScriptum S.R.L Publishing group
str. A.Russo 15, of. 61, Chisinau-2068, Republic of Moldova Europe
Printed at: see last page
ISBN: 978-620-3-86419-9

Jean-Luc MULYANGA

Repenser le machiavélisme en contexte religieux

Jean-Luc MULYANGA LUPINDA

Repenser le machiavélisme en contexte religieux

Note de lecture de *Le machiavélisme au service du Gourou* de Simplice Ilunga Monga

Du même auteur

- « Face à la crise écologique en Afrique : Engagement, Indifférence ou Démission ? », in *Chiedza* [African environments : A restless people], n° 1, Vol. 21, Harare, Mai 2019, pp. 49-62.
- « De notre Pauvreté à notre Libération : Une lecture congolaise de l'Exode », in K.Y. Yantūmbi & B. Ngoy Fiama : *(Re)penser la pauvreté. La R.D. Congo à l'horizon* [*Argumentaction. Revue transdisciplinaire,* n° 03, Vol. II], Éditions Kyamy, Lubumbashi, 2020, pp. 35-54.
- « Du financement du secteur agricole comme voie de réduction de la pauvreté en R.D. Congo », in K.Y. Yantūmbi & B. Ngoy Fiama : *(Re)penser la pauvreté. La R.D. Congo à l'horizon 2050* [*Argumentaction. Revue transdisciplinaire,* n° 03, Vol. II], pp. 79-98. [Texte co-écrit avec Gracias Kisoki]
- « Au sujet de la Souveraineté Populaire en République Démocratique du Congo », in *Chiedza* [Popular sovereignty in contemporary Africa], n° 1, Vol. 22, Harare, Mai 2020, pp. 95-109.
- « Le machiavélisme religieux en Afrique : Réalité ou Illusion ? », in *Chiedza* [Understanding Africa's realities through ideology], n° 2, Vol. 22, Harare, Décembre 2020, pp. 81-100.
- *Que penser du mythe aujourd'hui ?* Paris, Edilivre, Paris, 2020.

***

À mes très chers parents Jean de Dieu et Brigitte,
Qui m'ont appris à partager pour être heureux et à travailler pour réussir.

À toute la famille MULYANGA.

« Essentiellement construite sur trois principes agissants, la loi, la ruse et la force, le machiavélisme est une théorie politique qui consiste, dans une action politique, à marier l'humain à l'inhumain, le juste à l'injuste, le bon au mauvais, le légal à l'illégal, le licite à l'illicite »

Simplice ILUNGA MONGA : *Le machiavélisme au service du Gourou*, Presses Universitaires de Likasi, Likasi, 2013, p. 25.

comme clé ou grille de lecture pour démanteler les stratégies et pratiques, auxquelles le Chef spirituel congolais recourt quotidiennement dans l'exercice d'encadrement spirituel.

Introduction

« Le peu que je sache, je vais néanmoins le faire connaître afin qu'un autre, meilleur que je suis, découvre la vérité et que l'œuvre qu'il poursuit sanctionne mon erreur. Je m'en réjouirai pour avoir été, malgré tout, cause que cette vérité se fasse jour »

Albert DÜRE.

Le Livre *Le machiavélisme au service du Gourou*[5], n'est pas une goutte d'eau dans l'océan mais bien un grain de sable dans un bol de riz. Cette œuvre livre une autre vue sur les Gourous, et ce grâce à Nicolas Machiavel. Simplice Ilunga Monga, fait une étude à inclinaison révélatrice et alerte, tout en interpellant les décideurs politiques (députés, sénateurs, ministres, etc.) sur l'insuffisance ou l'absence des dispositifs juridiques censés encadrer le phénomène « spiritualité ou religion » en République Démocratique du Congo. L'auteur se décide d'adresser cette œuvre, singulièrement, à tous ceux qui cherchent passionnément la face de Dieu et à comprendre l'organisation de l'empire spirituel, par le fait même,

[5] Nous notons, ici, que toutes les citations incorporées dans ce papier se réfèrent à ce livre.

Trajectoire de l'auteur

Les idées marquantes de la trajectoire de l'auteur sont, amplement, à retrouver dans la Thèse de Doctorat de Monsieur Sylvain KANTOLOMBA NAWEJI : *Procès de la dérive sociale dans l'œuvre fonctionnelle de Ilunga Monga Simplice*, 2020, pp. 132-138.

Simplice ILUNGA MONGA est né à Kamina, le 09 juillet 1972, d'une mère ménagère et d'un père infirmier. Avant ses trois ans, sa famille s'est installée dans la cité de Sakania où son père prestait à l'hôpital de référence de Sakania.

Toutes ses études, il les a passées dans les structures scolaires catholiques dont les enseignements religieux l'ont inéluctablement distancé de la foi parentale qui était protestante. Ses études primaires, il les a faites successivement à l'école Primaire LUBEMBA et à l'école Primaire MWAISENI, deux établissements conventionnés catholiques localisés respectivement aux missions catholiques de Sakania et de Kasumbalesa tenues par les pères Salésiens. Ses études secondaires, il les a poursuivies au Collège Ima-KAFUBU, dirigé également par les Salésiens.

Il poursuit ses études secondaires au Collège Ima-KAFUBU, dirigé également par les Salésiens, mais cette fois-ci comme pensionné de l'internat du même établissement dont la réputation disciplinaire s'étendait au-delà des frontières provinciales. Ses talents ont conduit les responsables scolaires à l'orienter en section littéraire, option Latin-Philo. Les études des textes latins ont très rapidement développé son attachement à la philosophie et aux belles lettres et ont alimenté ses qualités d'écrivain à venir.

En cinquième année des humanités, en 1990, il entre en contact avec les premiers enseignements pentecôtistes qui l'ont conduit à une conversion par la suite, alors qu'il était candidat à la congrégation salésienne.

Ayant obtenu son diplôme d'État en 1991, il doit vivre ses premières années de sa vie d'adulte en dehors du carcan doctrinal catholique. Il va prendre son inscription à l'Université de Lubumbashi avec comme premier choix, la médecine humaine. Contre toute attente, à la publication des résultats des tests, son nom se retrouva à la Faculté des Lettres.

Il va poursuivre ses études en s'inscrivant à la Faculté des Lettres de l'Université de Lubumbashi, Département des Langues et littératures africaines tout en s'intéressant à la religion mais dans un esprit pentecôtiste.

L'éveil spirituel pentecôtiste de l'époque et les lectures critiques de la Bible concourent à affermir sa foi dans cette version du christianisme.

Après l'université, il demeure un pratiquant très actif et fait des nouvelles expériences pratiques qui relativisent sa foi dans le pentecôtisme.

Sa vie d'homme mûr a aiguisé son esprit critique et lui a relevé les limites du pentecôtisme auquel il croyait comme fer, et son esprit critique, davantage pointu, lève les voiles sur les apories comportementales de la majorité de ses « Chefs spirituels » qui excellaient dans l'exploitation de l'être humain. C'est la révolte contre la société humaine et particulièrement contre sa prétendue classe élitaire religieuse. Ces expériences vont nourrir au fur et à mesure, ses inspirations artistiques.

Dès lors, il s'engage dans une « bataille » littéraire. Il décide de faire une littérature engagée, apparemment très critique contre les abus de la société, comme le montrent certains de ses écrits notamment : *L'Imposteur Pasteur*, Lubumbashi, 2010 ; *Dieu sans diable*, Paris, 2013 ; *De l'énonciation biblique à la théorie pragmatique de l'activité humaine*, Paris, 2013 ; *Le machiavélisme au service du Gourou*, Likasi, 2013.

Après ses études universitaires en Lettres, qu'il termine avec la mention distinction, en Langues et Littératures Africaines, option Linguistique, ses premières tentatives pour intégrer le corps scientifique de l'Université se soldent par un échec. Sa carrière enseignante alors débute au Collège du Sacré-Cœur (Tutazamie) à Likasi, ensuite à l'Alliance Franco-congolaise. En 1998, il sera nommé Assistant d'enseignement et affecté à l'Extension de l'Université de Lubumbashi à Likasi comme Assistant et Responsable de la Faculté des Lettres. C'est le début d'une carrière universitaire marquée par une ascension remarquable. De 2001 à 2006, il est Secrétaire Administratif du CUL/Extension de l'UNILU. De 2006 à 2010, Secrétaire Administratif et Financier et Secrétaire Général Académique de la même Institution. Professeur chercheur à L'Université de Lubumbashi, il est détenteur d'une thèse en Lettres et Civilisations Africaines et d'un diplôme d'agrégation d'enseignement du degré moyen et supérieur.

Il est l'un des pionniers de la mutation de l'ancienne Extension en l'Université de Likasi, dont il fut le premier Secrétaire Général Académique. Ses domaines de prédilection sont : les sciences du langage, la linguistique, la pragmatique, la communication, la jurilinguistique et la légistique. Parallèlement il mène sa carrière d'écrivain engagé. Il aborde plusieurs thématiques qui traversent la société congolaise : le phénomène Pasteur, la régression des valeurs universitaires, la spiritualité, l'histoire politique de son pays, etc.

Son parcours universitaire est marqué d'une production scientifique féconde. Sa passion et son engagement pour l'excellence en science surprend plus d'une personne. À ce jour, il est promoteur d'une Institution d'enseignement universitaire, Institut Supérieur de Commerce et Informatique. Professeur des universités, il a plusieurs publications scientifiques et littéraires à son actif :

- *L'Université à la dérive,* GRAMS, Lubumbashi, 2010 ;
- *L'Imposteur pasteur,* GRAMS, Lubumbashi, 2010 ;
- *L'Odeur de la malédiction,* GRAMS, Lubumbashi, 2010 ;
- *Le machiavélisme au service du Gourou,* Presses Universitaires de Likasi, Likasi, 2013 ;
- *Dieu sans Diable,* Edilivre, Paris, 2013 ;
- *Regard critique sur quelques aspects légistiques de la Constitution de la République Démocratique du Congo,* Presses Universitaires de Lubumbashi, Lubumbashi, 2013 ;
- *De l'énonciation biblique à la théorie pragmatique de l'activité humaine,* Edilivre, Paris, 2013 ;
- *Le mariage homosexuel, un chapitre au programme de la déconstruction du paradigme social naturaliste,* Presses Universitaires de Likasi, Likasi, 2014 ;
- *Communication juridique en République Démocratique du Congo,* L'Harmattan, Paris, 2015 ;
- *La notion de la prédestination,* Médiaspaul, Kinshasa, 2015 ;
- *Analyse pragmatique du discours de Lumumba,* Médiaspaul, Kinshasa, 2018 ;
- *Le Chemin parcouru,* Médiaspaul, Kinshasa, 2018 ;

- *Le verso Dialogue entre le scientifique et le politique,* Médiaspaul, Kinshasa, 2018 ;
- *Mon peuple & Héritier,* Médiaspaul, Kinshasa, 2018 ;
- *La pragmatique à la lumière des fondements sous-jacents,* Éditions CEDI, Kinshasa, 2021 ;
- *De la publicité en religion. Un regard sur les pratiques d'évangélisation contemporaines,* Éditions CEDI, Kinshasa, 2021 ;
- etc.

La dénonciation des certains faits sociaux par la plume n'a pas étanché ses ambitions de faire entendre plus loin sa voix. C'est ainsi qu'il se décide de faire la politique. Sa première tentative aux législatives nationales remonte à 2006. Il postula de nouveau aux législatives nationales de 2011. Il est le meilleur élu dans la circonscription électorale de Likasi.

Manifestement, convaincu de la portée limitée de sa bataille littéraire, il s'est conséquemment engagé dans la lutte politique en vue de réaliser sa société idéale. Sa quête pour la société idéale se fit au Parlement dans la chambre basse, l'Assemblée nationale. Député national, il est élu Vice-président de la Commission Politique, Administrative et Juridique de l'Assemblée nationale de la 2ème législature de la troisième République. À ce poste, il est donc acteur privilégié de la scène politique congolaise à l'hémicycle.

Puisque nous connaissons l'auteur, qu'en est-il de son ouvrage, *Le machiavélisme au service du Gourou*, sur lequel nous lançons un regard critique peu reluisant ?

Structure de l'ouvrage

I.1. Introduction

L'ouvrage s'arpente autour de deux parties, précédées d'une introduction et est clos par une conclusion. Simplice Ilunga Monga confesse que *Le machiavélisme au service du Gourou,* n'est pas le produit de l'imagination mais d'une construction intellectuelle générée par une étude de terrain (p. 17). C'est donc le temps qui aurait muri ce travail intellectuel.

D'une herméneutique sans perfection, nous situons cette œuvre dans ce que nous appelons « la pauvreté religieuse ». Celle-ci est le fait, pour le Congolais, de se laisser aveugler par une foi assez morne, ne sachant même pas le véritable fondement de sa foi ou ses raisons de croire. C'est ainsi que nous assistons au mimétisme sans consistance où l'on répète des formules et des rites, sans chercher du tout à les comprendre ou à saisir, ni leur sens ni leur profondité[7]. Certains Congolais se retrouvent, à cause de la religion, comme aliénés en recherchant de façon effrénée le miracle ou le merveilleux, sans quoi ils s'avouent vaincus par la vie[8].

[7] Lire à ce propos KÄ MANA : *Ma foi de théologien africain d'aujourd'hui*, Les Éditions de l'ULPGL, Bukavu, 2017.
[8] Cf. J.-L. MULYANGA LUPINDA : « De notre pauvreté à notre libération : Une lecture congolaise de l'Exode », in K.Y. YANTUMBI & B. NGOY FIAMA : *(Re)penser la pauvreté : la R.D. Congo à l'horizon 2050* (*Argumentaction.*

En cela, le rôle sociopolitique (arme de servitude ou élément de libération ?)[9] de la religion devient décadent. Car, de la même manière que la religion pourrait servir à endormir la conscience critique d'un peuple, elle pourrait aussi lui servir de clé vers un chemin exodique. À ce propos, ne donnerons-nous pas raison à Karl Marx qui traitait en son temps la religion d'*opium du peuple* ? Car pour lui, la religion serait l'activité des paresseux qui, au lieu de travailler pour subvenir à leurs besoins et de lutter contre les injustices sociales, se réfugient dans la religion, comptant *ipso facto* sur la providence divine. Ils font ainsi de la religion, un *opium pour le peuple, un culte dionysiaque, un puissant narcotique* administré au peuple misérable et ignorant.

En effet, la vie spirituelle est un aspect de la vie personnelle dont l'homme ne peut se passer sans compromettre son unité en tant qu'être – à savoir que l'homme est constitué du corps et de l'âme –, lieu sacré où l'esprit, subtile, et la matière, grossière, réalisant leur mariage de quelques temps seulement (p. 99). Et donc, ajoute l'auteur, déconseiller à l'homme en général et le Congolais, en particulier la pratique religieuse ne peut aucunement être envisagé comme solution au phénomène « machiavélisme religieux » auquel notre

Revue transdisciplinaire, n° 03, Vol. II), Éditions Kyamy, Lubumbashi, 2020, pp. 35-54.

[9] Cf. IDEM : « La religion dans un État : arme de servitude ou élément de libération ? http://espritpro.canalblog.com/archives/2020/08/03/38463863.html, page consultée le 10 janvier 2021 à 15h03'.

temps et notre espace, ainsi que notre société doivent faire face (p. 99).

En constatant, douloureusement, la profondeur et la portée des maux dont le « Gourou déviationniste » est auteur, force est aussi de remarquer que son action non citoyenne est malheureusement protégée, conduite, voire encadrée par la faiblesse des dispositifs juridiques en la matière, d'une part, et le manque de préparation ainsi que de formation civiques des citoyens, d'autre part (p. 99).

Face à la nouvelle génération congolaise des Gourous et à la tendance qu'elle donne à ses pratiques religieuses si inquiétantes, l'État et les citoyens sont invités à plus de responsabilité (p. 100). De ce fait, « le renforcement du dispositif juridique en matière de spiritualité et de religion est à la fois une nécessité et une urgence » (p. 100).

Découvrons-donc, tous ensemble, le banquet scientifique auquel Simplice Ilunga Monga nous fait cordialement participants.

I.2. Contenu des chapitres

De manière substantielle, le banquet scientifique auquel nous sommes invités se polarise sur deux parties. La première, dont la visée principale est de livrer la quintessence du machiavélisme au lecteur, se propose de passer en revue la biographie de Nicolas Machiavel, le contexte historico-politico-social de l'écriture du *Prince* et sa structure. Cette même partie présente le machiavélisme en tant que théorie et art du pouvoir (p. 17).

Ne dit-on pas qu'il est, quelque fois, impossible de comprendre la pensée ou les écrits d'un auteur sans le contextualiser ? Car, sans une contextualisation digne de nom et de sens nous passerons à côté de la plaque (p. 20). Mais aussi, à ce propos, une thèse ne saurait être éludée : est-il possible de rendre ou de reconstituer dignement le contexte ? Vraisemblablement, le rendre exactement ou dignement est impossible. Mais en donner les lignes maîtresses ou directrices est possible (p. 21).

Cette première partie regorge des indications comme : la *Biographie de Nicolas Machiavel*, le *Contexte du* Prince, la *Structure de l'œuvre, L'essentiel du machiavélisme, La réception par la postérité* et l'*Extrait du* Prince : *Chapitre XVIII.*

À la première indication, la *Biographie de Nicolas Machiavel* (pp. 18-20), l'auteur nous fait découvrir l'être[10] de Nicolas Machiavel. Celui-ci, de nationalité italienne (Niccolo Machiavelli) est né le 03 mai 1469 et décédé le 22 juin 1527. Il est de la noble famille des Machiavel que le temps a appauvrie sans toutefois lui arracher la considération bourgeoise qui était la sienne. Nicolas Machiavel a entrepris des études juridiques, après celles humanistes qui lui ont appris avec satisfaction le latin, le grec, et fourni une grandiose connaissance des auteurs de l'Antiquité (p. 18).

Nicolas Machiavel a mis ses talents en art de négocier ainsi que ses larges connaissances à la république florentine dirigée par les Médicis[11]. Il a travaillé dans un premier temps comme secrétaire de la chancellerie dont les responsabilités s'attendaient aux questions d'ordre intérieur, des relations extérieures et de défense de la république florentine (p. 18). Ensuite, les responsabilités de Nicolas Machiavel vont croître et lui permettront de fréquenter plusieurs cours royales européennes. Indubitablement, il n'a pas connu que des temps forts et heureux. Il a aussi goûté aux ennuis de la disgrâce. « Mais, chaque fois, il a rentabilisé ce temps d'inaction pour réfléchir, lire et écrire » (p. 19). De ce temps gagné, quelques œuvres en sont le clinquant résultat :

[10] Ce qu'est Nicolas Machiavel.

[11] L'histoire nous apprend que la maison de Médicis est une famille patricienne de Florence, dont la puissance commence à l'époque de la Renaissance italienne entre le Moyen-âge et les *Quattrocento* et *Cinquecento* (XVème et XVIème siècles italiens).

- *Rapports sur les actions entreprises par la république de florence pour pacifier les factions de pistoia* (1501) ;
- *De la manière de traiter les populations du val di chiana révoltées* (1503) ;
- *Portrait des choses de France* (1510) ;
- *Le Prince* (1513) ;
- *Histoires florentines* (1520) ;
- *L'Art de la guerre* (1522) ;
- *Etc.*

À la deuxième indication, le *Contexte du* Prince (pp. 20-22), Simplice Ilunga Monga, tout en évoquant Patrick Dupouey[12], réalise qu'on ne saurait comprendre grand-chose du *Prince* (ni au reste de l'œuvre) si l'on n'a pas présents à l'esprit la situation de l'Italie au début des années 1500. Sans oublier le rôle qu'a joué Nicolas Machiavel dans les événements dont il a était à la fois le témoin – qu'importe oculaire ou auriculaire – et l'acteur – qu'importe actif ou passif – (p. 20). En effet, un texte sans contexte n'est qu'un prétexte, dit-on. Le contexte dans la construction du sens des discours, énoncés et textes reste important. À ce propos, Ludwig Wittgenstein II[13] ne va-t-il pas affirmer que le sens des mots est à trouver dans leur usage ? D'où la fameuse expression : *Meaning is use.*

12 Ancien de la rue d'Ulm et professeur agrégé de philosophie. Il est l'un des (fins) commentateurs de Nicolas Machiavel.
13 À noter que Ludwig Wittgenstein II est l'auteur des *Investigations philosophiques* – pendant que celui du *Tractatus logico-philosophicus* (1921) est dit Ludwig Wittgenstein I –, qui est un ouvrage publié à titre posthume en 1953. C'est un des textes de cette époque qui exprime le mieux la pensée du philosophe viennois.

Pour ce faire, l'auteur – sans prétention d'épuiser tout Machiavel – préfère se limiter à la situation historico-politico-socioculturelle des années 1500. D'abord, en matière économique et commerciale, on reconnaît à l'Italie la puissance mondiale agricole. L'agriculture s'y trouve mécanisée et quelques secteurs économiques, comme le textile, sont déjà organisées d'après les structures "capitalistes". L'activité bancaire est très développée en Italie, ainsi que le commerce qui lui ouvre les portes du monde (p. 21). Ensuite, en matière culturelle, on parle de la « Renaissance » qui signifie à la fois retour à des sources antiques et émergences de valeurs radicalement nouvelles. Ce mouvement de type « intellectuel » invite à rompre avec le temps médiéval pour renouer avec l'intelligentsia antique riche en modèles, que pourtant le moyen-âge jeta dans les oubliettes, et aussi à considérer des nouvelles idées, surtout celles en rapport avec l'individu humain (pp. 21-22). Enfin, en matière politique et militaire, l'Italie n'est pas un État-nation. Elle n'est qu'une « multitude bariolée de petits États rivaux[14], toujours en train de se faire et de se défaire » (p. 22). C'est ainsi que la division politique qui caractérise l'Italie en cette période (début des années 1500) la rend incapable de s'organiser militairement et permet, par conséquent, aux puissances étrangères de l'occuper de temps en temps. Sans doute, puisque le vide juridique ne peut profiter qu'aux délinquants.

[14] Monaco et San Marino sont aujourd'hui les fossiles vivants de cette Italie déchirée.

À la troisième indication, l'auteur nous parle de la *Structure de l'œuvre* (pp. 22-25). « Introduit par la dédicace au Magnifique Laurent fils de Pierre de Médicis, *Le Prince* est constitué de XXVI chapitres de longueurs variées et dont certains sont très brefs » (p. 22), de telle sorte qu'en considérant les thématiques développées, ces chapitres peuvent être regroupés de la manière suivante :

- Du chapitre I à XI : l'étude des différents types de principautés ; la classification des principautés ; l'examination de la façon dont les principautés sont acquises, conservées et perdues ; l'étude des différents cas selon le mode d'acquisition des principautés.

- Du chapitre XII à XIX : la préoccupation de la question militaire ; la critique du recours aux troupes mercenaires au profit de la milice populaire ; la mise en garde contre les troupes étrangères en auxiliaire ; la nécessité pour le Prince d'être toujours prêt pour la guerre.

- Du chapitre XV à XXIII : la considération d'une morale pratique pour le Prince aux fins de conserver estime et bonne réputation ; la conduite à tenir à l'égard des qualités morales ; les questions liées à la générosité du Prince ; la cruauté et la clémence du Prince, du fait qu'il doit soit être craint soit être aimé ; la fidélité du Prince à sa parole ; l'évitement pour le Prince de se faire haïr ou mépriser ; les questions stratégiques et tactiques de conduite de pouvoir.

- Du chapitre XXIV à XXVI : le manifeste pour la libération et l'unification de l'Italie ; les causes du déclin de l'Italie ; les rôles respectifs de la fortune et de la volonté humaine dans l'histoire ; l'apport des Médias à l'entreprise de la libération de l'Italie.

À la quatrième indication, *L'essentiel du machiavélisme* (pp. 25-30), l'auteur montre que le machiavélisme est construit sur trois principes agissants que sont la loi, la ruse et la force. C'est « une théorie politique qui consiste, dans une action politique, à marier l'humain à l'inhumain, le juste à l'injuste, le bon au mauvais, le légal à l'illégal, le licite à l'illicite » (p. 25). Cette théorie de Nicolas Machiavel, note que la première vertu du Prince consiste à n'être prisonnier d'aucune vertu. En politique, tout ce qui contrevient à l'exigence de souplesse, d'adaptation est mauvais. En outre, « le Prince ne doit pas être humain, sous peine d'être incapable, quand il le faudra, de prendre des mesures inhumaines » (p. 26). Cependant, il ne doit pas être davantage cruel car, il est bon de se montrer clément en certaines occasions. « L'homme politique ne doit en vérité rien être, afin d'être à même temps de tout paraître » (p. 26). Pour Nicolas Machiavel, un Prince doit savoir agir à propos, et en bête et en homme. Cela est pour le Prince, une recommandation à une duplicité comportementale qui correspond à deux modes d'agir : le premier est le propre des humains et le second, celui des bêtes (p. 27).

sous le vocable infamant de machiavélisme » (p. 33). C'est aussi dans ce chapitre que, par déformation *simpliste,* on a pu lire le faux adage : « La fin justifie (toujours) les moyens », qu'en termes honnêtes Machiavel n'aurait jamais écrit. Cependant, lui aurait écrit : « ... dans les actions de tous les hommes et surtout de Princes, où il n'est pas de tribunal à qui recourir, on considère la fin » (p. 34).

Le chapitre phare (XVIII) du *Prince,* intitulé « Comment les Princes doivent tenir leur parole » est tout le condensé des idées forces de Nicolas Machiavel qui conduisent à l'appréhension du machiavélisme. Machiavel y montre que les Princes doivent savoir qu'il y a deux manières de combattre : l'une avec les lois et l'autre, avec la force. La première est propre à l'homme et la deuxième, propre aux bêtes. Mais, parce que très souvent la première (à elle seule) ne suffit pas, il convient de recourir à la seconde. Aussi est-il nécessaire à un Prince de savoir bien user de la bête et de l'homme. Car, l'une des natures sans l'autre ne peut durer (p. 35). En sachant mieux user de la bête, le Prince doit parmi elles choisir le *renard* et le *lion,* car le lion ne se défend pas des pièges et le renard, ne se défend pas des loups. Il importe donc d'être à la fois un renard pour connaître les pièges tout en les contournant, et à la fois un lion pour effrayer sans remord les loups (p. 35). Machiavel ajoute, dans ce Chapitre, qu'il n'est pas nécessaire pour un Prince d'avoir toutes les qualités nécessaires à sa charge, mais il est tout à fait nécessaire et essentiel de paraître les avoir. Le Prince, et surtout le nouveau

Prince, ne peut pas observer toutes les choses pour lesquelles les hommes sont jugés bons, étant souvent contraint, pour maintenir son pouvoir, d'agir contre la charité, contre l'humanité, contre la religion, etc. « Qu'un Prince donc s'efforce de vaincre et de conserver son pouvoir, les moyens seront toujours jugés honorables et loués de tous, car le vulgaire est convaincu par les apparences et par l'issue des choses » (p. 38). Ce Chapitre, résumant l'essentiel du machiavélisme, semble inspirer bien des Gourous à travers le monde. Car selon les circonstances, ceux-ci se vêtissent soit du masque de la loi soit du masque de la bête (p. 39).

La deuxième partie du livre de Simplice Ilunga Monga, se donne pour préoccupation de démontrer l'appropriation de cette théorie (le machiavélisme) et cet art politiques par le Gourou de notre ère. Par un parallélisme pragmatique entre « l'agir princier » et « l'agir gouriste » soutenu par l'évocation des exemples pratiques et contemporains, cette partie dégage les pratiques, les stratégies ainsi que les tactiques auxquelles le Chef spirituel recourt chaque jour dans l'exercice d'encadrement spirituel. Ces techniques les obligent de se vêtir tantôt du masque de la loi, tantôt de celui de la bête (p. 18).

Comparativement à la première partie, cette deuxième, conticnt aussi en son sein quelques éléments comme : *Le Gourou sous le masque de la loi* et *sous le masque de la bête*.

Au premier élément, *Le Gourou sous le masque de la loi* (pp. 39-57), l'auteur rappelle la recommandation de

Machiavel aux Princes sur leur façon de tenir le pouvoir : le recours à la loi, qui est le propre de l'homme. En effet, la loi se caractérise par la *Généralité* qui certifie l'applicabilité de la loi à tous et sur tout le territoire sous son emprise sans discrimination de classes ; la *Permanence* qui montre que la loi, tant qu'elle n'est pas abrogée demeure et s'applique à tous et sur tout le territoire ; et l'*Obligatoriété* qui justifie l'imposition de la loi à tous et son application indépendamment des citoyens. La loi instaure la liberté et l'égalité des citoyens. Elle est, dans les communautés religieuses, représentée par la Bible – qui organise la vie communautaire chrétienne en définissant les idéaux à poursuivre, et en profilant le comportement des membres ainsi que la stature du berger –. Bref, la loi est cette instance de contrôle grâce à laquelle le « tout » est en harmonie (p. 41). Dans ce premier élément de la deuxième partie du livre, l'auteur expose deux idées non exclusives : l'une sur le recrutement des nouveaux adeptes par le Gourou et l'autre, sur leur endoctrinement. Pour recruter des nouveaux adaptes, le Gourou se lance dans une campagne (le prosélytisme) ne consistant pas à (r)amener les âmes à Christ (au salut éternel), mais à pêcher les adeptes à lui. Pour y arriver, le Gourou déforme, instrumentalise à sa guise les Saintes Écritures pour fasciner et séduire les ouailles afin que ces derniers le déifient, le divinisent, désirent lui ressembler, et finissent par le considérer « non contingent » (qui ne peut pas ne peut exister) dans leur vie. Ce type de Gourou profite, donc, des occasions pour enivrer la conscience critique des fidèles en les asservissant en tout et pour tout. Après ce processus de recrutement, c'est à l'étape de l'endoctrinement que le Gourou se livre avec finesse et tact. Celui-ci se donne à une interprétation erronée des Écritures Saintes afin d'opacifier le jugement et le discernement des fidèles (p. 53). Grâce aux idées machiavéliennes, le Gourou arrive à gérer l'assemblée chrétienne non sur le fondement de la puissance divine mais sur la conception laïque du pouvoir (p. 55). Ce qui fait convertir plus d'une églises en établissements commerciaux (kiosques religieux) avec comme unique et incontournable capital la Bible, dont on est appelé simplement à maîtriser le langage symbolique (p. 55). Le Gourou, en contexte congolais, arrive à se faire de l'argent sans remords aucuns grâce à la religion. Il manipule à volonté les Saintes Écritures de manière machiavélique, qui ne connaît d'autre loi que l'efficacité (p. 56). En outre, pour mieux endoctriner, le Gourou tue l'esprit des Saintes Écritures en les instrumentalisant sous le modèle machiavélien pour non seulement séduire des nouveaux adeptes mais aussi et surtout pour les réduire « ontologiquement ». C'est ainsi que, remarque l'auteur, l'usage inapproprié et malveillant des Saintes Écritures affecte très négativement, d'une part, l'individu, victime directe, et, d'autre part, la société tout entière. L'individu subit une destruction systématique de sa personne, au niveau cognitif, au niveau comportemental et enfin au niveau affectif. La société, elle, est atteinte essentiellement du point de vue de développement. « L'individu ainsi détruit est membre de la société ; sa destruction le rend non contributif au développement de la société » (p. 57). De la sorte, plus grand sera le nombre des victimes, plus grande sera l'atteinte du développement de la société. Il est donc, plus que temps, de changer (développer) soi afin de changer (développer) le pays.

Au deuxième élément, *Le Gourou sous le masque de la bête* (pp. 58-97), Simplice Ilunga Monga revient encore sur la recommandation de Machiavel au Prince qui montre que, dans des circonstances particulières et dans une certaine mesure, le Prince doit savoir user des qualités naturelles de la bête.

Et de cela, le Prince en sachant mieux user de la bête doit se choisir parmi elles le *renard* et le *lion* ; car le lion ne se défend pas des pièges, et le renard ne se défend pas des loups. Sur ces deux bêtes, les littératures abondent de tout côté, de la Bible aux fables occidentales et asiatiques en passant par les contes africains, célèbrent la première (renard) comme symbole de la ruse, chez qui manipulation, mensonge, fraude, trahison, perfidie et fourberie sont faits naturels et quotidiens ; la deuxième (lion) renommée puissante moralement et physiquement, est symbole de la force, de la violence, de l'inquiétude, du châtiment corporel et de la royauté (p. 59). De ces deux bêtes, il appert avec évidence que *ruse* et *force* forment un tout (holisme) à l'image de la médaille constituée de deux faces siamoises ; l'absence d'une de deux faces implique l'inexistence de la médaille. De ce fait, « la bête de Machiavel sans un des extrêmes, *ruse* et *force,* meurt aussitôt » (p. 60). Ainsi, dans le contexte congolais, le Gourou est astreint de jouer alternativement et le *renard* et le *lion* (p. 61). Sur cette ligne, le Gourou ne se gêne pas de se revêtir de la peau du renard et de celle du lion dans des circonstances bien précises. D'un côté, dans la peau du renard – l'agir en renard –, le Gourou use de la ruse, de la méchanceté, de la lâcheté, de l'hypocrisie, de la sauvagerie, du cynisme, de l'égoïsme, … pour incarner des contradictions inhérentes à la nature humaine (p. 65), pour tuer le jugement critique et la conscience intellectuelle chez les ouailles. De l'autre côté, dans la peau du lion – l'agir en lion –, le Gourou use de la royauté, de la force, de la puissance, de l'oppression, de l'iniquité, de l'adversité, de la persécution, du courage, de la beauté, … pour incarner mystérieusement les puissances hostiles transcendantes à la nature humaine (p. 85), pour diriger de façon impitoyable, pour intimider en vue de gérer et de maintenir la mine d'or qu'est l'église (p. 88).

Que ce soit dans la peau de l'homme, soit dans celle de la bête (renard et lion), notre ère reste marquée par une prolifération sans fin des églises et sectes, qui façonnent un type déplorable de Gourou, de Chef spirituel, de Leader religieux qui use d'un machiavélisme à outrance pour mener à bien son entreprise – commerciale et non spirituelle – (p. 87). Ce même type de Gourou, est partisan de la logique malfaisante, des ruses accumulées, de la perversité sereine, de la jouissance dans le crime, de la politique détestable, bref du machiavélisme. Faisant ainsi des églises le théâtre où se

jugement et de la conscience critique de bien des citoyens. Ces Gourous, des deux dernières générations, versent très souvent dans des célébrations interminables qui enivrent les Congolais du concret et les bercent d'espérances trompeuses en l'action d'un dieu faiseur des miracles et des prodiges, comme si une vie « chrétienne » ou « croyante » du Congolais n'existerait, parfaitement, sans miracles en sa faveur[15]. Il est temps pour les Congolais, de ne plus tenir à leur religion que par habitude mais d'examiner minutieusement leurs « raisons de croire ». La foi des Congolais chancelle à la recherche du miracle et deviennent, sans nul doute, des croyants ankylosés, dépourvus de toute recherche rationnelle de la foi[16].

Simplice Ilunga Monga, mérite nos vives félicitations pour cette œuvre. Et derechef, l'avons-nous déjà dit, il a joué un double rôle. D'une part, prophétique, en ce sens où il a ausculté la gangrène tellement profonde en matière religieuse et s'est donné de la peine à proposer des voies de guérison. Et d'autre part, philosophique, en ce sens où il avertit en prévenant le fléau vers lequel se range le peuple congolais. Il éclaire à la fois le citoyen et l'État congolais sur un terrain rocailleux et glissant que sont les questions religieuses. Avec ou sans gants, l'auteur a usé de sa voix pour parler et de

[15] Cf. J.-L. MULYANGA LUPINDA : « De notre pauvreté à notre libération : Une lecture congolaise de l'Exode », p. 43.

[16] Nous pensons ici à la formule anselmienne : *Fides quaerens intellectum*. Expression latine exprimant, succinctement, une méthode théologique cherchant à rendre raison de la foi chrétienne par l'intelligence humaine. Formulée par saint Anselme de Cantorbéry au XIe siècle.

sa plume pour écrire. Bref, il a été la voix des sans-voix, la bouche de ceux qui n'ont point de bouche, ou encore le cri de libération des libertés assises au cachot du désespoir[17].

Du reste, quelques questions nous taraudent l'esprit. Des réflexions qui pourront, sans doute, aider les lecteurs qui désireront approfondir leur lecture de l'ouvrage.

Le machiavélisme – comme théorie visant à marier l'humain à l'inhumain, le juste à l'injuste, le bon au mauvais, l'égal à l'illégal, le licite à l'illicite – aurait-il des liens intrinsèques ou extrinsèques, mieux serait-il inspiré du *manichéisme* ? À noter que le *manichéisme,* fondé par le perse Mani au IIIème siècle, est cette religion qui admet l'existence de deux principes divins opposés : le bien et le mal.

Aussi, l'auteur pourrait-il nous faire l'honneur d'une édition revue et augmentée de son œuvre *Le machiavélisme au service du Gourou* en partant des exemples plus concrets du contexte congolais où la religion vire vers la servitude des adeptes, où la religion perd davantage de sa crédibilité, où la religion finit par devenir une « mauvaise chose » ? D'autant plus que, comme nous l'apprend l'histoire, le mot « religion » est l'un des concepts qui pose problème parce qu'il englobe une multitude de choses et de nuances affectives différentes. Elle est jugée bonne ou

[17] Cf. A. CESAIRE : *Cahier d'un retour au pays natal*, Présence Africaine, Paris, 1947, p. 22.

mauvaise selon le genre de religion rencontrée et selon sa considération comme l'essentiel de ce qu'elle est. C'est ainsi que, beaucoup d'hommes parmi les plus sages et les plus religieux des siècles passés, et certains des principaux théologiens contemporains, n'hésitent pas à dire que la religion est carrément une « mauvaise chose »[18]. Dans certains États, la religion a été et semble être l'occasion de bien des maux (*Tantum religio potuit suadere malorum*)[19] ; faudrait-il, donc, combattre la religion ou chasser les faux religieux de la cité[20] (congolaise) ?

[18] Cf. A. RICHARDSON : *Le procès de la religion,* Casterman, Tournai, 1967, p. 11.

[19] Cf. LUCRECE : *De rerum natura*, I, 101.

[20] PLATON, en effet, recommandait que l'on chasse les artistes de la cité : Cf. *République*, Livre X.

Table des matières

Avant-propos ... 6

Hésitation ou Satisfaction ? ... 6

Introduction ... 9

Trajectoire de l'auteur ... 12

Structure de l'ouvrage ... 21

I.1. Introduction ... 21

I.2. Contenu des chapitres ... 24

Pour apprécier… ... 39

Printed by Books on Demand GmbH, Norderstedt / Germany